26 Mars 1886. V

CATALOGUE

DE

TABLEAUX ANCIENS

DES DIVERSES ÉCOLES

PARMI LESQUELS DES

ŒUVRES INTÉRESSANTES

PAR SIMONE MEMMI, LORENZO COSTA, PISANELLO
BRONZINO, STUERBOUTS, ETC.

OBJETS D'ART

Bronzes; Ivoires; Tableau d'autel; Bois sculptés

Statue en marbre, la Petite Mendiante, par Butti

PLATS EN FAIENCE HISPANO-MAURESQUE

Quelques Porcelaines

MEUBLES A DEUX CORPS DU XVIe SIÈCLE

Lit en bois sculpté du temps de Louis XV
Cabinets Louis XIII, en ébène, écaille et ivoire
Meubles italiens en marqueterie de bois

DONT LA VENTE AURA LIEU

Après décès de M. FITZ

HOTEL DROUOT, SALLE N° 1

Le Vendredi 26 Mars 1886

A DEUX HEURES

Par le ministère de Me **Léon TUAL**, commissaire-priseur
56, rue de la Victoire, 56

Assisté, pour les objets d'art, de **M. Charles MANNHEIM**, expert
7, rue Saint-Georges, 7

Et, pour les tableaux, de **M. E. FÉRAL**, peintre
54, faubourg Montmartre, 54

EXPOSITION PUBLIQUE : Le Jeudi 25 Mars 1886
DE 1 HEURE 1/2 A 5 HEURES

HOM ADDITVS NATVRAE

IMPRIMERIE DE [illegible]

CATALOGUE

DE

TABLEAUX ANCIENS

DES DIVERSES ÉCOLES

PARMI LESQUELS DES

ŒUVRES INTÉRESSANTES

PAR SIMONE MEMMI, LORENZO COSTA, PISANELLO
BRONZINO, STUERBOUTS, ETC.

OBJETS D'ART

Bronzes; Ivoires; Tableau d'autel; Bois sculptés

Statue en marbre, la Petite Mendiante, par Butti

PLATS EN FAIENCE HISPANO-MAURESQUE

Quelques Porcelaines

MEUBLES A DEUX CORPS DU XVIe SIÈCLE

Lit en bois sculpté du temps de Louis XV
Cabinets Louis XIII, en ébène, écaille et ivoire
Meubles italiens en marqueterie de bois

DONT LA VENTE AURA LIEU

Après décès de M. FITZ

HOTEL DROUOT, SALLE N° 1

Le Vendredi 26 Mars 1886

A DEUX HEURES

Par le ministère de **Me Léon TUAL**, commissaire-priseur
56, rue de la Victoire, 56

Assisté, pour les objets d'art, de **M. Charles MANNHEIM**, expert
7, rue Saint-Georges, 7

Et, pour les tableaux, de **M. E. FÉRAL**, peintre
54, faubourg Montmartre, 54

EXPOSITION PUBLIQUE : Le Jeudi 25 Mars 1886
DE 1 HEURE 1/2 A 5 HEURES

CONDITIONS DE LA VENTE

Elle sera faite au comptant.

Les acquéreurs payeront en sus des enchères *cinq pour cent*, applicables aux frais.

L'exposition mettant le public à même de se rendre compte de l'état des objets, il ne sera admis aucune réclamation une fois l'adjudication prononcée.

Paris. — Imp. de l'Art. E. Ménard et J. Augry
41, rue de la Victoire, 41

DÉSIGNATION

TABLEAUX

ALLEGRAIN

1 — *L'Enlèvement de Proserpine* et *l'Enlèvement d'Europe.*

Deux pendants.

A. M.

(Initiales)

2 — Deux paysages en pendants, avec troupes de cavaliers aux environs de châteaux forts.

B s. Haut., 20 cent.; larg., 25 cent.

AUBRY

3 — *Un Marché.*

Des jeunes femmes entourent l'étal d'une marchande de gibier ; sur la gauche, un abbé achète des oiseaux. Un chien court après un canard, échappé d'une cage, qu'un enfant cherche à rattraper.

Vers le fond, des maisons et le clocher d'une église.

BACHELIER

(Attribué à)

4 — Suite de six panneaux de décoration.

Ils représentent des oiseaux de différents genres, et des motifs d'architecture, vases, colonnes, etc., entourés de verdure ; le tout se détachant sur un fond bleu de ciel.

Deux grands panneaux. Haut., 1 m. 92 cent.
Larg., 2 m. 48 cent.
Deux moyens panneaux. Haut., 1 m. 92 cent.
Larg , 1 m. 62 cent.
Deux petits panneaux. Haut., 1 m. 92 cent.
Larg., 93 cent.

5 — *Pigeons perchés sur un panier.*

Ce tableau a fait partie de la décoration qui précède.

Haut., 95 cent.; larg., 75 cent.

BASSANO

(L. DA PONTE, dit)

6 — *Portrait d'enfant.*

En pied, de trois quarts, tête nue, vêtu d'une robe rouge, agrémentée de galons noirs, il tient un gâteau et caresse un petit chien assis sur un coffre.

Toile. Haut., 98 cent.; larg., 78 cent.

BEELDEMAKER

7 — *Chiens de chasse.*

Haut., 47 cent.; larg., 64 cent.

8 — *Chiens de chasse.*

BOILLY

(Attribué à L.)

9 — *Le Petit Mendiant.*

Il est debout, tenant un petit singe enchaîné.

BREECKELINCAMP

(QUIRINUS VAN)

10 — *Le Benedicite.*

Bois. Haut., 45 cent.; larg., 60 cent.

BRONZINO

(ANGELO ALLORI, dit)

1501 — 1572. Florence.

11 — *Portrait présumé d'Éléonore-Hippolyte de Gonzague, femme de François de la Rovère, duc d'Urbin.*

Représentée à mi-corps, presque de face, dans un élégant costume du XVIe siècle; robe de brocart agrémentée de passements, col et manchettes tuyautées, collier et pendants d'oreilles de perles. Elle a la main droite sur la poitrine et tient un mouchoir de la main gauche.

Haut., 85 cent.; larg., 48 cent.

BRUSSEL

(PAUL-THÉODORE VAN)

12 — *Fleurs.*

Dahlias, chrysanthèmes, pavots, lis, roses et autres fleurs, dans un vase posé sur une console de marbre où l'on voit des pêches et des raisins. Signé et daté 1790.

Toile. Haut., 1 m. 25 cent.; larg., 80 cent.

13 — *Corbeilles de fleurs, fruits et nid d'oiseau.*

Toile. Haut., 1 m. 9 cent.; larg., 1 m. 05 cent.

CASTEELS OU CASTEELEN

14 — Deux vues de villes, animées d'une multitude de figurines très finement touchées.

Haut., 20 cent.; larg., 30 cent.

COSTA

(LORENZO)

Commencement du XVIe siècle. École de Ferrare.

15 — *La Nativité.*

La Vierge et saint Joseph sont agenouillés, en adoration devant l'Enfant Jésus qui est couché sur une draperie blanche étendue sur le gazon. Le fond du tableau représente un site montagneux et boisé, traversé par un fleuve que côtoie le cortège des Mages, guidés par l'étoile.

Sur le linge blanc, on lit : LAVRENTIVS.

Ce tableau, remarquable par la grâce du style et l'harmonie du coloris, aurait fait partie de la Galerie du prince Ercolani de Bologne.

Bois. Haut. 2 m. 10 cent.; larg., 1 m. 25 cent.

DECAMPS

(Attribué à)

16 — *Chaumière sous un rayon de soleil.*

Étude très faite et qui semble appartenir à la première manière du peintre.

Bois. Haut., 27 cent.; larg., 37 cent.

DROLLING

(Attribué à)

17 — *L'Atelier de Van Daël.*

Plusieurs jeunes femmes, assises devant un chevalet, dessinent et font de la peinture ; sur la droite, une porte ouverte donnant sur un jardin.

DYCK

(École de A. VAN)

18 — *Portrait de femme.*

Vue jusqu'aux genoux, en robe noire avec manchettes et guimpe de batiste, collier et bracelets de perles, elle appuie une main sur une table couverte d'un tapis d'Orient et sur laquelle est un petit chien qui appelle ses caresses.

Toile. Haut., 1 m. 8 cent.; larg., 88 cent.

*

ÉCOLE FLORENTINE

(XVIe siècle)

19 — *Portrait de femme.*

Vue à mi-jambes, de trois quarts, assise dans un fauteuil, une main sur les genoux, l'autre sur l'accoudoir du siége, elle porte une robe de soie ponceau bordée de fourrure, une coiffe blanche, un collier de perles. A côté d'elle, on voit un perroquet sur un perchoir.

Toile. Haut., 1 m. 10 cent.; larg., 80 cent.

ÉCOLE FRANÇAISE

(XVIIIe siècle)

20 — *Deux chiens épagneuls.*

Toile. Haut., 44 cent.; larg., 55 cent.

EL GRECO

(THEOTOCOPULI, dit)

21 — Tableau de famille; cinq figures à mi-corps.

Au centre de la composition, une jeune fille est occupée à broder. A gauche, un chat se tient assis sur le coin d'un meuble.

Toile. Haut., 96 cent.; larg., 1 m. 70 cent.

FRANCK

(FRANÇOIS)

22 — *Le Vœu de Jephté.*

Jephté, avant d'attaquer les Ammonites, a fait vœu, s'il remportait la victoire, d'immoler la première personne qui viendrait à sa rencontre. Il arrive triomphant à la tête de son armée et reste saisi d'épouvante à la vue de sa fille unique Seïla qui, suivie de ses compagnes, accourt en agitant un tambour et en chantant les louanges du vainqueur.

Toile. Haut., 70 cent.; larg., 1 m. 5 cent.

FRANÇOIS

(JOSEPH)

École flamande du XVIIIe siècle.

23 — *Bacchus et Ariane dans l'île de Naxos.*

Bon tableau décoratif. Signé : Jos. FRANÇOIS.

Toile. Haut., 1 m. 76 cent.; larg., 1 m. 60 cent.

FRÈRE

(TH.)

24 — *Bazar oriental.*

Toile. Haut., 95 cent.; larg., 1 m. 30 cent.

GIORDANO

(LUCA)

25 — *Loth et ses filles.*

Toile. Haut., 1 m. 85 cent.; larg., 2 m. 20 cent.

GOYA

25 — *Portrait d'homme.*

De trois quarts, en buste, portant lunettes.

Toile. Haut., 55 cent.; larg., 41 cent.

GOYA

27 — *Paysage fantastique.*

Esquisse.

Toile. Haut., 82 cent.; larg., 1 mètre.

HOLBEIN

(École de)

28 — *Portrait d'homme.*

Personnage, en buste, de face, les mains jointes et la tête penchée, dans l'attitude de la prière.

Bois. Haut., 33 cent.; larg., 24 cent.

MEMMI

(SIMONE)

1280 — 1344. École de Sienne

29 — *La Vierge et des Saints.*

Tableau d'autel dans un encadrement en bois sculpté, peint et doré, composé de deux pilastres cannelés supportant un entablement. Les figures sont placées sous des arceaux en ogive et se détachent sur un fond d'or. Au centre, la Vierge Marie, sur un trône de marbre, soutient des deux mains l'Enfant Jésus, assis sur ses genoux. Derrière elle, deux anges soulèvent les plis d'un dorsal tissé d'or et décoré de palmes sur un fond d pourpre. Saint Jean et saint Laurent sont représentés debout sous les arceaux de gauche, sain Mathieu et saint Étienne sous ceux de droite. Aux pendentifs sont peintes les figures des Évangélistes. Les nimbes et les parements des vêtements sont gravés et dorés.

Ce très intéressant spécimen de l'École siennoise, dans la première moitié du XIVe siècle, provient, dit-on, d'une chapelle, aujourd'hui démolie, des chevaliers de Rhodes, à Florence.

Dimensions, cadre compris. Haut., 1 m. 65 cent.
Larg., 2 m. 75 cent.

METZU

(Attribué à)

30 — *La Cuisinière.*

Accoudée sur une table, les bras croisés, elle a la tête enveloppée d'un fichu de toile blanche et les épaules couvertes d'une étoffe pareille.

Cadre ancien en chêne sculpté.

Toile. Haut., 72 cent.; larg., 56 cent.

MALAPEAU

(1857)

31 — *Raisins, framboises, faisans et perdrix.*

Deux pendants.

Signés et datés.

LAWRENCE

(Attribué à sir THOMAS)

32 — *Portrait présumé de Lord Byron jeune.*

Haut., 60 cent.; larg., 48 cent.

LIPPI

(École de FILIPPINO)

33 — *Esther devant Assuérus.*

Intérieur de palais avec quinze figures. *Cassone.*

Haut., 50 cent.: larg., 86 cent.

MORONI

(GIOV.-BATTISTA)

34 — *Portrait d'homme.*

En buste, tourné de trois quarts vers la gauche, barbe blonde, toque et vêtements noirs.
Collection du comte Lochis, de Bergame.

Toile. Haut., 51 cent.; larg., 40 cent.

PISANO DE VÉRONE, DIT PISANELLO

(VITTORE)

Florissait au milieu du XVe siècle.

35 — *Devant de coffre, Cassone.*

Entrevue des deux Empereurs d'Orient, Jean Cantacuzène et Jean V Paléologue, qui régnèrent conjointement de 1352 à 1355. Le premier, vêtu d'une robe de brocart, s'avance à pied au-devant de Paléologue, qui est à cheval ainsi que son fidèle conseiller le Génois Gasteluzzi. Il renonce au pouvoir en sa faveur et se retire dans un cloître. Les deux empereurs sont suivis d'une nombreuse escorte de seigneurs, de dames de la cour et de pages.

Cette peinture, attribuée à Pisano, est une œuvre des plus intéressantes et des plus curieuses pour le mérite de son exécution et l'importance de sa composition qui comprend une soixantaine de figures revêtues de somptueux costumes du moyen âge.

Galerie du marquis Constabili, de Ferrare.

Bois. Haut., 65 cent.; larg., 1 m. 50 cent.

RAPHAEL

(École de)

36 — *Portrait du cardinal Bibbiena.*

De trois quarts, en buste, portant le bonnet et le camail écarlates. Portrait d'une physionomie expressive et d'un grand caractère.

Toile. Haut., 50 cent.; larg., 40 cent.

SALVATOR ROSA

(Attribué à)

37 — *Tentation de saint Antoine.*

SCHALL

38 — *Le Retour du marché.*

STUERBOUTS

(Attribué à DIERICK)

De Harlem. Né en 1391, mort en 1475.

39 — *Le Christ présenté au peuple.*

Enveloppé d'un manteau gris, les poignets liés par une corde, Jésus est traîné par le bourreau sur le perron du palais. A une fenêtre apparaît Pilate, le sceptre en main et suivi d'un page portant l'aiguière. Au premier plan sont groupés six hommes du peuple que l'artiste a revêtus de riches costumes du xve siècle, robes de brocart, manteaux garnis de fourrure, chaussures à la poulaine. Le fond représente la perspective d'une rue de ville flamande.

Bois. Haut., 1 m. 55 cent.; larg., 90 cent.

VERON

(A.)

1870.

40 — *Les Laveuses.*

Haut., 37 cent.; larg., 55 cent.

VÉRONÈSE

(Attribué à P.)

41 — *Vénus désarmant l'Amour.*

La déesse est assise, vue jusqu'aux genoux, elle tient une flèche qu'un petit amour cherche à lui reprendre.

VÉRONÈSE

(École de)

42 — *Figure allégorique de la ville de Venise.*

Motif de plafond.

Toile. Haut., 95 cent.; larg., 75 cent.

ZUCCARELLI

43 — *Repos de villageois.*

Cadre sculpté.

Haut., 35 cent.; larg., 45 cent.

ÉCOLE ITALIENNE

44 — *Portrait de Cosme de Médicis.*

45 — *Portrait de Bernard de Castiglione.*

46 — *Paysage et figures.*

Dans le style de *Salvator Rosa.*

47 — *Vieillard à barbe blanche.*

48 — *Mariage de Sainte Catherine.*

D'après *Corrège.*

49 — *La Nativité; effet de lumière.*

Attribué à *C. Maratti.*

ÉCOLE MODERNE

50 — *Scène d'inquisition; esquisse.*

Attribué à *Paul Delaroche.*

51 — *Sous bois.*

Dans le genre de *Diaz*.

52 — *Sous bois.*

Attribué à *C. Troyon.*

53 — *Marine.*

Signée d'initiales.

ÉCOLE HOLLANDAISE

54 — Deux paysages, en pendants.

COUTURE

(T.)

55 — Croquis au crayon noir.

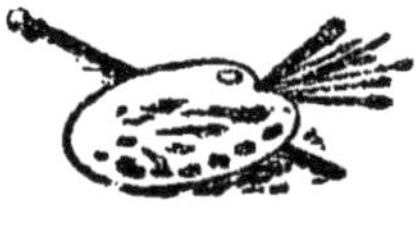

DÉSIGNATION DES OBJETS

OBJETS D'ART

FAIENCES HISPANO-MAURESQUES

56 — Beau plat d'ancienne faïence hispano-mauresque, à reflets métalliques, offrant au centre un écusson armorié entouré de zones concentriques, chargées de petites hachures; il est en outre orné d'arêtes radiées, en relief, et de têtes de clous saillantes.

Diam., 45 cent.

57 — Plat d'ancienne faïence hispano-mauresque, à ombilic, décoré de fleurons à reflets métalliques, inscrits dans un quadrillage tracé en bleu.

Diam., 40 cent.

58 — Plat de même faïence, à décor de reflets métalliques relevés de bleu. Au fond, médaillon à fleurons et quadrillés, mi-partie radiés. Au marli, de grosses feuilles en relief, sur une bande d'arabesques.

Diam., 38 cent.

59 — Plat d'ancienne faïence hispano-mauresque, à ombilic, à décor rayonnant de reflets métalliques, avec encadrements de filets bleu pâle.

Diam., 41 cent.

60 — Autre plat, à reflets métalliques, de même faïence, à ombilic encadré de quatre feuilles inscrites dans des losanges et à marli décoré d'arabesques et de feuilles en relief, disposées en chevrons.

Diam., 41 cent.

61 — Plat à ombilic de même faïence, décoré d'épis et de feuilles dessinés par reflets métalliques et de filets bleus radiés.

Diam., 38 cent.

62 — Plat d'ancienne faïence hispano-mauresque, à reflets métalliques, offrant au centre un mé-

daillon convexe, décoré d'un lion héraldique et encadré d'une zone à imbrications et arabesques, alternées. Le marli chargé de fines arabesques est orné de feuilles en relief, distribuées en étoiles et en chevrons.

Diam., 45 cent.

63 — Deux petits plats de même faïence décorés de reflets métalliques.

64 — Deux fontaines en forme de vases ovoïdes, à anses-serpents et mascaron, décorées en bleu de bandes d'arabesques et de canaux simulés. Fabrication italienne.

Haut., 38 cent.

65 — Grand bol en faïence de Talavera, décor polychrome à guirlandes de feuillages.

66 — Autre de même faïence, décoré de cavaliers et d'animaux.

67 — Coupe en faïence de Talavera, à décor d'animaux.

68 — Deux bénitiers, à décor polychrome.

69 — Plaque en terre émaillée, à buste de Christ et vases en relief.

70 — Lot de plaques de revêtements en terre émaillée du XVIIe siècle.

PORCELAINES

71 — Potiche à couvercle, d'ancienne porcelaine du Japon, à décor de pivoines et de chrysanthèmes, en bleu, rouge et or, avec médaillons en réserve, représentant des chimères.

Haut., 57 cent.

72 — Seau à rafraîchir, en porcelaine de Chantilly, pâte tendre, à décor de fleurons inscrits dans un treillis, en bleu et dorure.

Haut., 27 cent.

73 — Grand sucrier à couvercle, en vieux Chine, décoré de réserves à fleurs, sur fond d'émail brun. Monture en bronze.

Haut., 45 cent.

74 — Lot de tasses couvertes avec soucoupes en porcelaine mince de la Chine.

75 — Aiguière couverte, en forme de baril, à anse double, en porcelaine du Japon, décorée d'un paysage en bleu, rouge et or et émaux de couleur. Socle en bronze doré.

76 — Statuette de baigneuse en biscuit.

SCULPTURES

77 — *Marbre blanc.* Statue par *E. Butti*, *1881*, la Petite Mendiante.

Haut., 1 m. 42 cent.

78 — *Marbre blanc.* La Peinture, figure en bas-relief sur fond uni, de forme ovale. Sculpture du XVIIIe siècle.

Haut., 64 cent.; larg., 48 cent.

79 — *Ivoire.* Statuette de Jupiter porté par l'aigle.

Haut., 13 cent.

80 — Tableau d'autel, triptyque, composé de plaquettes d'os sculptées en bas-relief et rehaussées d'or. Le tableau principal est divisé en deux registres, représentant, en haut, le Calvaire ; en bas, l'Adoration des Mages. Les volets, de même disposition, offrent quatre sujets tirés du Nouveau Testament. La monture est plaquée d'ébène et incrustée de filets et d'ornements en os. Travail vénitien.

Haut., 68 cent.; larg., 42 cent.

81 — Trente plaquettes en os sculptées en bas-relief, à figures, et provenant d'un coffret.

82 — *Rouge antique.* Médaillon-portrait dans un cadre de bronze doré.

83 — *Terre cuite italienne.* Groupe de musiciens et de chanteurs.

84 — Deux bas-reliefs rectangulaires, en largeur, représentant des enfants et divers animaux, sculptés en ivoire et rapportés sur un fond de bois également sculpté. Travail du XVIIIe siècle.

85 — Trois bustes d'empereurs romains, en marbre tendre, à piédouche de bronze, reposant sur des piédestaux en marbres variés.

86 — Statuette de moine en bois sculpté.

87 — Plusieurs statuettes d'apôtres en bois sculpté.

88 — *Marbre blanc.* Bas-relief carré représentant la Vierge et l'Enfant Jésus entouré d'anges. Style de la Renaissance italienne.

Haut., 22 cent.; larg., 26 cent.

89 — *Bois sculpté et peint.* Quatre figures de saints personnages, à mi-corps, en ronde bosse.

90 — *Cire coloriée.* Médaillon offrant en bas-relief le portrait d'un seigneur en costume du XVIe siècle, vu de face, en buste et portant sur la poitrine la croix de Malte.

OBJETS VARIÉS

91 — *Bronze.* Statuette de Neptune debout sur un dauphin et armé du trident. Bronze italien à patine brune, de la Renaissance.

Haut., 41 cent.

92 — Deux groupes en bronze formant pendants : Chasse au lion et chasse au sanglier.

Haut., 50 cent.

93 — Deux petits flambeaux vénitiens en bronze gravé.

94 — Médaille en bronze de Pisano, portrait de Sigismond de Malatesta.

95 — Petite médaille, portrait de *Ferdinandvs. Magn. Dvx. Etrvriae.* III. ℟ Christiana. Princ. Lothar. Mag. Dux. Hetr.

96 — Plaque en bronze doré de la Renaissance, représentant la Flagellation du Christ.

97 — Pendule incomplète. Éléphant sur une terrasse, en bronze.

98 — Deux chenets en bronze doré. Modèle à vases, guirlandes et draperies.

99 — Petite pendule Empire, en forme de vase, surmonté d'une galerie et décoré d'ornements et d'arabesques rapportés, le tout en bronze doré.

100 — Pendule Louis XVI, en bronze doré, décorée des figures de Vénus et de l'Amour. Socle en cuivre ajouré et contre-socle en marbre garni de rosaces et de frises en bronze doré.

101 — Pendule en bronze à figure de Jeanne d'Arc et deux candélabres à branches portées par des enfants ailés.

102 — Lot de clefs anciennes, à têtes formées de rosaces ajourées.

103 — Plaque gréco-russe en bronze doré, à sujet de piété.

104 — Croix de Lorraine, formant reliquaire, en cuivre repercé et gravé.

105 — Anciennes poignées de portes, espagnolettes, miroir à main, trépied, cuiller en bronze.

106 — Verre à pied de Bohême, finement gravé et offrant d'un côté la vue d'un port de mer et de l'autre un Mercure et l'atelier d'un tisserand.

107 — Petit modèle de chariot en fer pour le transport des statues.

MEUBLES ANCIENS

108 — Meuble a deux corps et à fronton coupé, de la fin du XVIe siècle, incrusté de plaquettes de marbre et orné de griffons, de chimères, de dauphins et de rinceaux sculptés en bas-relief. Les quatre vantaux offrent des médaillons ovales, convexes, représentant des

figures allégoriques, peintes en camaïeu brun, rehaussé de dorure.

Haut., 2 m. 10 cent.; larg., 1 m. 34 cent.

109 — Meuble Renaissance, à deux corps, en noyer sculpté. Le corps inférieur ouvre à deux vantaux décorés de bossages irréguliers, encadrés de moulures. Le haut, d'aspect monumental, forme cabinet à portes et à tiroirs, séparés par des montants à figurines sculptées en haut-relief; un entablement à moulures ornées sert de couronnement à ce meuble qui est garni de pentures et de poignées en fer.

Haut., 1 m. 80 cent.; larg., 1 m. 20 cent.

110 — Beau lit de milieu, en bois sculpté, peint et doré, du temps de Louis XV et d'une élégante ornementation, à feuillages, rinceaux à volutes et fines arabesques. Le chevet est surmonté d'un vase à deux anses; les pieds décorés de feuilles d'acanthe sont cannelés en spirale.

111 — Cabinet Louis XIII, en bois d'ébène, plaqué d'écaille et garni de figurines, d'orne

ments-appliques et d'anneaux de tirage en bronze doré. La façade, d'ordonnance architecturale, se compose de trois portes encadrées de colonnettes engagées et accouplées et de plusieurs rangs de tiroirs. Ce meuble repose sur une table-console à pieds cylindriques.

Haut. 1 m. 52 cent.; larg., 94 cent.

112 — Petit cabinet Louis XIII, en ébène et placage d'écaille, incrusté de filets de cuivre et orné de moulures guillochées.

Haut., 35 cent.; larg., 46 cent.

113 — Charmant petit cabinet italien, du temps de Louis XIII, en bois d'ébène, incrusté de plaquettes d'ivoire gravé à figures mythologiques, cariatides et arabesques. Il ouvre à deux vantaux et l'intérieur est divisé en trois rangs de tiroirs superposés et séparés par des colonnettes d'ivoire, dégagées et reposant sur des piédestaux à moulures.

Haut., 42 cent.; larg., 40 cent.

114 — Guéridon-support en bois sculpté, le pied formé d'une statuette d'enfant triton.

115 — Deux chaises du XVIIe siècle, à pieds contournés, recouvertes d'ancien velours à rayu res de couleurs variées et dessins en relief.

116 — Grand meuble, scriban, en bois rose et bois satiné, décoré de filets, de feuillage et de rinceaux en marqueterie de bois clair. La partie inférieure est à tiroirs en manière de commode; le milieu, à porte oblique, forme bureau. Le corps supérieur ou bibliothèque ouvre à deux portes vitrées. Travail italien du temps de Louis XVI.

Haut., 2 m. 35 cent.; larg., 1 m. 22 cent.

117-118 — Deux commodes d'ornementation analogue et de même travail.

Larg., 1 m. 32 cent.

119-120 — Deux tables de nuit, analogues d'ornementation et de même travail.

121 — Deux consoles-appliques en bois sculpté, à tablette carrée supportée par une chimère.

122 — Deux dragons ailés formant torchères en bois sculpté et rehaussé d'or.

123 — Grand encadrement italien en bois sculpté, se composant d'un entablement supporté par deux colonnes cannelées d'ordre corinthien ; la corniche est ornée d'un denticule et la frise de bossages et de fleurons alternés.

Haut., 2 m. 60 cent.; larg., 2 m. 20 cent.

124 — Plusieurs cadres en bois sculpté seront vendus sous ce numéro.

ÉTOFFES

125 — Plusieurs lots d'anciennes brocatelles italiennes du XVIIIe siècle, fond rouge, fond vert, dessins rouge sur fond jaune, etc., etc.

126 — *Chevalets de peintre.*

www.ingramcontent.com/pod-product-compliance
Ingram Content Group UK Ltd.
Pitfield, Milton Keynes, MK11 3LW, UK
UKHW032013260826
14628UKWH00005B/2461